CASI GRINGOS

5ª EDIÇÃO

GUIA DE ESTUDO DE CIDADANIA AMERICANA
INGLÊS - PORTUGUÊS

VERSÃO 2008

© COPYRIGHT. ALL RIGHTS RESERVED. 2016 - 2022.
WWW.CASIGRINGOS.COM

CASI GRINGOS

AVISO LEGAL :
Nenhuma parte ou parte desta publicação pode ser reproduzida, armazenada ou distribuída em qualquer forma ou por qualquer meio, seja eletrônico, mecânico (fotocópia, digitalização, etc.) ou outro, sem o consentimento prévio por escrito do autor, exceto a inclusão de breve citações em uma revisão, ou conforme permitido pela Seção 107 ou 108 da Lei de Direitos Autorais dos Estados Unidos de 1976. Em ambos os casos, a fonte original deve ser sempre citada. Os pedidos de autorização devem ser dirigidos a: info@casigringos.com.

O autor não assume nenhuma responsabilidade pela exatidão ou integridade do conteúdo. As informações incluídas neste livro são baseadas no estudo, experiência e conhecimento do autor. O autor não é responsável pelo uso ou uso indevido das informações neste trabalho ou por qualquer tipo de benefícios, perdas ou danos materiais ou comerciais que possam surgir, incluindo, mas não se limitando a, danos incidentais especiais com danos sequenciais ou outros danos de qualquer natureza.

DISCLAIMER:
No part or parts of this publication may be reproduced, stored or distributed in any form or by any means, whether electronic, mechanical (photocopying, scanning, etc.) or otherwise, without prior written consent of the author, except the inclusion of brief citations in a review, or as allowed under Section 107 or 108 of the United States Copyright Act of 1976. In both cases, the original source must always be cited. Authorization requests should be addressed to: info@casigringos.com.

The author assumes no responsibility for the accuracy or completeness of the content. The information included in this book is based on the study, experience and knowledge of the author. The author is not responsible for the use or improper use of the information in this work or for any kind of benefits, losses, or material or commercial damages that may arise, including but not limited to special, incidental damages with sequential or other damages of any nature.

ÍNDICE

- Autor 4
- Introdução 5
- 100 Questões e Respostas Cívicas em Inglês 7
- Definições 23
- Leitura 31
- Leitura + Escrita 39
- Escrita 53
- Escrevendo + Vocabulário 63
- Vocabulário Geral 79
- 100 Perguntas e Respostas da Cívica em Português 83
- Perguntas cívicas (exceção 65 20) em Português 99

ÁUDIO INCLUÍDO
WWW.CASIGRINGOS.COM/AUDIOS

CASI GRINGOS
AMERICAN CITIZENSHIP STUDY GUIDE.
ENGLISH - PORTUGUESE
(Version 2008)

www.casigringos.com
5th Edition / Version 2008
info@casigringos.com

Author
Brayan Raul Abreu Gil

Printing, Distribution and Sales
IngramSpark & Amazon

Edited and Published
MUNDO B.R.A.G. LLC.
www.mundobrag.com

2105 Vista Oeste St NW Suite E - 1021
Albuquerque, NM, 87120
+1 (805) 301-2050
info@mundobrag.com

B.R.A.G. ®
TRADEMARK
EUIPO-012256715

ISBN: ?
Printed on: EE.UU

All Rights Reserved.
Copyright © 2016 - 2022

Bem vindo a Casi Gringos

Guia de preparação e estudo para todas as pessoas que estão prestes a se tornar cidadãos americanos, nele você encontrará todas as informações necessárias para se candidatar à cidadania e se preparar para o exame e entrevista.

Para se tornar um cidadão americano, no dia da entrevista, você deve passar no teste de naturalização conduzido por um agente de imigração. Durante a entrevista, você deve responder a perguntas sobre o formulário N-400, a menos que tenha direito a uma isenção.

No exame Civics, que é oral, serão feitas cerca de 10 questões das novas 100 questões Civics de Cidadania Americana, você deve responder pelo menos 6 corretas para ser capaz de passar na parte Civics do exame, eles também pedirão que você leia e escreva uma frase curta para verificar sua proficiência em inglês, e você terá que responder a perguntas com suas informações pessoais no N-400.

Se você tem 65 anos de idade ou mais e foi residente permanente legal dos Estados Unidos por 20 anos ou mais, quero que saiba que os Serviços de Cidadania e Imigração dos Estados Unidos oferecem consideração especial no teste de cidadania. Você poderá fazer o teste de civismo no idioma de sua escolha, além do benefício de ter que estudar apenas 20 das 100 questões de civismo.

NOTAS

100 CIVIC QUESTION

100 CIVICS QUESTIONS AND ANSWERS (2008 VERSION)

These questions cover important topics about American government and history. The civics test is an oral test and the USCIS officer will ask you to answer 6 out of the 100 civics test questions.

You must answer at least 6 questions (or 60%) correctly to pass the 2008 version of the civics test.

ÁUDIO INCLUÍDO
WWW.CASIGRINGOS.COM/AUDIOS

AMERICAN GOVERNMENT

PRINCIPLES OF AMERICAN DEMOCRACY

1. What is the supreme law of the land?
- The Constitution

2. What does the Constitution do?
- Sets up the government
- Defines the government
- Protects basic rights of Americans

3. The idea of self-government is in the first three words of the Constitution. What are these words?
- We the People

4. What is an amendment?
- A change (to the Constitution)
- An addition (to the Constitution)

5. What do we call the first ten amendments to the Constitution?
- The Bill of Rights

6. What is one right or freedom from the First Amendment?
- Speech
- Religion
- Assembly
- Press
- Petition the government

7. How many amendments does the Constitution have?
- Twenty-seven (27)

8. What did the Declaration of Independence do?
- Announced our independence (from Great Britain)
- Declared our independence (from Great Britain)
- Said that the United States is free (from Great Britain)

100 CIVIC QUESTION

9. What are two rights in the Declaration of Independence?
- Life
- Liberty
- Pursuit of happiness

10. What is freedom of religion?
- You can practice any religion, or not practice a religion

11. What is the economic system in the United States?
- Capitalist economy
- Market economy

12. What is the "rule of law"?
- Everyone must follow the law
- Leaders must obey the law
- Government must obey the law
- No one is above the law

SYSTEM OF GOVERNMENT

13. Name one branch or part of the government?
- Congress
- Legislative
- President
- Executive
- The courts
- Judicial

14. What stops one branch of government from becoming too powerful?
- Checks and balances
- Separation of powers

15. Who is in charge of the executive branch?
- The President

16. Who makes federal laws?
- Congress
- Senate and House (of Representatives)
- (U.S. or national) legislature

17. What are the two parts of the U.S. Congress?
- The Senate and House (of Representatives)

18. How many U.S. Senators are there?
- One hundred (100)

19. We elect a U.S. Senator for how many years?
- Six (6)

20. Who is one of your state's U.S. Senators now?
- Answers will vary. [District of Columbia residents and residents of U.S. territories should answer that D.C. (or the territory where the applicant lives) has no U.S. Senators.]

 _____   _____

21. The House of Representatives has how many voting members?
- Four hundred thirty-five (435)

22. We elect a U.S. Representative for how many years?
- Two (2)

23. Name your U.S. Representative.
- Answers will vary. [Residents of territories with nonvoting Delegates or Resident Commissioners may provide the name of that Delegate or Commissioner. Also acceptable is any statement that the territory has no (voting) Representatives in Congress.]

 _____   _____

24. Who does a U.S. Senator represent?
- All people of the state

25. Why do some states have more Representatives than other states?
- (because of) the state's population
- (because) they have more people
- (because) some states have more people

26. We elect a President for how many years?
- Four (4)

27. In what month do we vote for President?
- November

28. What is the name of the President of the United States now?
- Visit uscis.gov/citizenship/testupdates for the name of the President of the United States.

✏️ _____   _____

29. What is the name of the Vice President of the United States now?
- Visit uscis.gov/citizenship/testupdates for the name of the Vice President of the United States.

✏️ _____   _____

30. If the President can no longer serve, who becomes President?
- The Vice President

31. If both the President and the Vice President can no longer serve, who becomes President?
- The Speaker of the House

32. Who is the Commander in Chief of the military?
- The President

33. Who signs bills to become laws?
- The President

34. Who vetoes bills?
- The President

35. What does the President's Cabinet do?
- Advises the President

36. What are two Cabinet-level positions?
- Secretary of Agriculture

- Secretary of Commerce
- Secretary of Defense
- Secretary of Education
- Secretary of Energy
- Secretary of Health and Human Services
- Secretary of Homeland Security
- Secretary of Housing and Urban Development
- Secretary of the Interior
- Secretary of Labor
- Secretary of State
- Secretary of Transportation
- Secretary of the Treasury
- Secretary of Veterans Affairs
- Attorney General
- Vice President

37. What does the judicial branch do?
- Reviews laws
- Explains laws
- Resolves disputes (disagreements)
- Decides if a law goes against the Constitution

38. What is the highest court in the United States?
- The Supreme Court

39. How many justices are on the Supreme Court?
- Visit uscis.gov/citizenship/testupdates for the number of justices on the Supreme Court.

_____   _____

40. Who is the Chief Justice of the United States now?
- Visit uscis.gov/citizenship/testupdates for the name of the Chief Justice of the United States.

_____   _____

100 CIVIC QUESTION

41. Under our Constitution, some powers belong to the federal government. What is one power of the federal government?
- To print money
- To declare war
- To create an army
- To make treaties

42. Under our Constitution, some powers belong to the states. What is one power of the states?
- Provide schooling and education
- Provide protection (police)
- Provide safety (fire departments)
- Give a driver's license
- Approve zoning and land use

43. Who is the Governor of your state now?
- Answers will vary. [District of Columbia residents should answer that D.C. does not have a Governor.]

44. What is the capital of your state?
- Answers will vary. [District of Columbia residents should answer that D.C. is not a state and does not have a capital. Residents of U.S. territories should name the capital of the territory.]

45. What are the two major political parties in the United States?
- Democratic and Republican

46. What is the political party of the President now?
- Visit uscis.gov/citizenship/testupdates for the political party of the President.

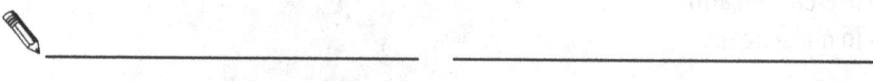

47. What is the name of the Speaker of the House of Representatives now?
- Visit uscis.gov/citizenship/testupdates for the name of the Speaker of the House of Representatives.

RIGHTS AND RESPONSIBILITIES

48. There are four amendments to the Constitution about who can vote. Describe one of them.
- Citizens eighteen (18) and older (can vote)
- You don't have to pay (a poll tax) to vote
- Any citizen can vote. (Women and men can vote)
- A male citizen of any race (can vote)

49. What is one responsibility that is only for United States citizens?
- Serve on a jury
- Vote in a federal election

50. Name one right only for United States citizens.
- Vote in a federal election
- Run for federal office

51. What are two rights of everyone living in the United States?
- Freedom of expression
- Freedom of speech
- Freedom of assembly
- Freedom to petition the government
- Freedom of religion
- The right to bear arms

52. What do we show loyalty to when we say the Pledge of Allegiance?
- The United States
- The flag

53. What is one promise you make when you become a United States citizen?
- Give up loyalty to other countries
- Defend the Constitution and laws of the United States
- Obey the laws of the United States
- Serve in the U.S. military (if needed)
- Serve (do important work for) the nation (if needed)
- Be loyal to the United States

54. How old do citizens have to be to vote for President?
- Eighteen (18) and older

55. What are two ways that Americans can participate in their democracy?
- Vote
- Join a political party
- Help with a campaign
- Join a civic group
- Join a community group
- Give an elected official your opinion on an issue
- Call Senators and Representatives
- Publicly support or oppose an issue or policy
- Run for office
- Write to a newspaper

56. When is the last day you can send in federal income tax forms?
- April 15

57. When must all men register for the Selective Service?
- At age eighteen (18)
- Between eighteen (18) and twenty-six (26)

AMERICAN HISTORY COLONIAL PERIOD AND INDEPENDENCE

58. What is one reason colonists came to America?
- Freedom
- Political liberty
- Religious freedom
- Economic opportunity

- Practice their religion
- Escape persecution

59. Who lived in America before the Europeans arrived?
- American Indians
- Native Americans

60. What group of people was taken to America and sold as slaves?
- Africans
- People from Africa

61. Why did the colonists fight the British?
- Because of high taxes (taxation without representation)
- Because the British army stayed in their houses (boarding, quartering)
- Because they didn't have self-government

62. Who wrote the Declaration of Independence?
- (Thomas) Jefferson

63. When was the Declaration of Independence adopted?
- July 4, 1776

64. There were 13 original states. Name three.
- New Hampshire
- Rhode Island
- New York
- Pennsylvania
- Maryland
- North Carolina
- Georgia
- Massachusetts
- Connecticut
- New Jersey
- Delaware
- Virginia
- South Carolina

65. What happened at the Constitutional Convention?
- The Constitution was written.
- The Founding Fathers wrote the Constitution.

66. When was the Constitution written?
- 1787

67. The Federalist Papers supported the passage of the U.S. Constitution. Name one of the writers.
- (James) Madison
- (Alexander) Hamilton
- (John) Jay
- Publius

68. What is one thing Benjamin Franklin is famous for?
- U.S. diplomat
- Oldest member of the Constitutional Convention
- First Postmaster General of the United States
- Writer of "Poor Richard's Almanac"
- Started the first free libraries

69. Who is the "Father of Our Country"?
- (George) Washington

70. Who was the first President?
- (George) Washington

71. What territory did the United States buy from France in 1803?
- The Louisiana Territory
- Louisiana

72. Name one war fought by the United States in the 1800s.
- War of 1812
- Mexican-American War
- Civil War
- Spanish-American War

73. Name the U.S. war between the North and the South.
- The Civil War
- The War between the States

74. Name one problem that led to the Civil War.
- Slavery
- Economic reasons
- States' rights

75. What was one important thing that Abraham Lincoln did?
- Freed the slaves (Emancipation Proclamation)
- Saved (or preserved) the Union
- Led the United States during the Civil War

76. What did the Emancipation Proclamation do?
- Freed the slaves
- Freed slaves in the Confederacy
- Freed slaves in the Confederate states
- Freed slaves in most Southern states

77. What did Susan B. Anthony do?
- Fought for women's rights
- Fought for civil rights

RECENT AMERICAN HISTORY AND OTHER IMPORTANT HISTORICAL INFORMATION

78. Name one war fought by the United States in the 1900s.
- World War I
- World War II
- Korean War
- Vietnam War
- (Persian) Gulf War

79. Who was President during World War I?
- (Woodrow) Wilson

80. Who was President during the Great Depression and World War II?
- (Franklin) Roosevelt

81. Who did the United States fight in World War II?
- Japan, Germany, and Italy

82. Before he was President, Eisenhower was a general. What war was he in?
- World War II

83. During the Cold War, what was the main concern of the United States?
- Communism

84. What movement tried to end racial discrimination?
- Civil rights (movement)

85. What did Martin Luther King, Jr. do?
- Fought for civil rights
- Worked for equality for all Americans

86. What major event happened on September 11, 2001, in the United States?
- Terrorists attacked the United States.

87. Name one American Indian tribe in the United States.
USCIS Officers will be supplied with a list of federally recognized American Indian tribes.

- Cherokee	- Navajo	- Sioux
- Chippewa	- Choctaw	Pueblo
- Apache	- Iroquois	- Creek
- Blackfeet	- Seminole	- Cheyenne
- Arawak	- Shawnee	- Mohegan
- Huron	- Oneida	- Lakota
- Crow	- Teton	- Hopi
- Inuit		

GEOGRAPHY

88. Name one of the two longest rivers in the United States.
- Missouri (River)
- Mississippi (River)

89. What ocean is on the West Coast of the United States?
- Pacific (Ocean)

90. What ocean is on the East Coast of the United States?
- Atlantic (Ocean)

91. Name one U.S. territory.
- Puerto Rico
- U.S. Virgin Islands
- American Samoa
- Northern Mariana Islands
- Guam

92. Name one state that borders Canada.
- Maine
- Vermont
- Pennsylvania
- Michigan
- North Dakota
- Idaho
- Alaska
- New Hampshire
- New York
- Ohio
- Minnesota
- Montana
- Washington

93. Name one state that borders Mexico.
- California
- Arizona
- New Mexico
- Texas

94. What is the capital of the United States?
- Washington, D.C.

95. Where is the Statue of Liberty?
- New York (Harbor)
- Liberty Island
[Also acceptable are New Jersey, near New York City, and on the Hudson (River).]

SYMBOLS

96. Why does the flag have 13 stripes?
- Because there were 13 original colonies
- Because the stripes represent the original colonies

97. Why does the flag have 50 stars?
- Because there is one star for each state
- Because each star represents a state

- Because there are 50 states

98. What is the name of the national anthem?
- The Star-Spangled Banner

HOLIDAYS

99. When do we celebrate Independence Day?
- July 4

100. Name two national U.S. holidays.
- New Year's Day
- Presidents' Day
- Independence Day
- Columbus Day
- Thanksgiving
- Martin Luther King, Jr. Day
- Memorial Day
- Labor Day
- Veterans Day
- Christmas

NOTAS

DEFINIÇÕES

Abaixo você verá todas as definições possíveis de palavras que podem ser feitas na entrevista, aquelas marcadas com um asterisco são as mais comuns. Essas definições nem sempre são feitas, mas é melhor estar preparado.

1. **Advocate, advocated** / Advogar, advogado — **like or support an idea** / gostar ou apoiar uma ideia.

★ 2. **Allegiance** / Fidelidade. — **loyalty** / Lealdade.

3. **Armed forces** / Forças Armadas. — **army, military** / exército, militar.

★ 4. **Arrested** / Preso. — **put into jail, arrested by the police** / colocado na prisão, preso pela polícia.

5. **Bear arms** / Portar Armamento. — **carry a gun; to protect United States** / carregar uma arma; para proteger os Estados Unidos.

6. **Called yourself a 'non-U.S. resident on income tax** / Chamou a si mesmo de não residente dos EUA no imposto de renda. — **lie and say you have no green card** / mentir e disse que você não tem green card.

7. **Cited, citation** / Citado, Citação. — **required to go to court (traffic ticket)** / obrigada a ir ao tribunal (multa de trânsito).

8. **Civilian** / Civil. — **a person not in the Army** / uma pessoa que não está no exército.

9. **Claim to be a US citizen** / Afirmar ser um cidadão americano. — **lie and say you are a citizen, pretend to be a citizen** / mentir e dizer que é um cidadão, fingir ser um cidadão.

10. **Conscript** / Recrutado. — **force someone to join a group...** / forçar alguém a entrar em um grupo...

11. **Constitution** / Constituição. — **the supreme law of the land** / a lei suprema da terra.

12. **Combat** / Combate. — **fighting** / lutando.

DEFINIÇÕES

* 13. **Communist Party, Communism** / Partido Comunista, Comunismo.
  - **no freedom, a political party with no freedom** / sem liberdade, um partido político sem liberdade.

* 14. **Crime** / crime.
  - **something illegal, break the law** / Algo ilegal, violar a lei.

* 15. **Deported, Deportation** / Deportado, Deportação.
  - **sent back to your country by Immigration** / enviados de volta ao seu país pela Imigração.

16. **Detention facility** / Centro de detenção.
  - **jail, a place where people are forced to stay** / prisão, um lugar onde as pessoas são forçadas a ficar.

* 17. **Discrimination** / Discriminação.
  - **to be unfair to people of different race** / ser injusto com pessoas de raças diferentes.

* 18. **Drunkard/alcoholic** / Bêbado, Alcoólatra.
  - **someone who drinks too much alcohol** / alguém que bebe muito álcool.

19. **Enlist** / Alistar.
  - **sign up someone to a group** / inscreva alguém para um grupo.

20. **Failed to file taxes** / Falha no registro de impostos.
  - **did not send your required tax form** / não enviou sua declaração de impostos exigida.

* 21. **File taxes** / Pagar impostos.
  - **pay taxes; send in your income tax form** / pagar impostos; envie sua declaração de imposto de renda.

22. **Force someone to have a sexual relation** / Forçar alguém a ter uma relação sexual.
  - **rape** / Estupro.

23. **Fraudulent** / Fraudulento.
  - **misleading, false** / enganoso, falso.

* 24. **Gamble, gambling** / Aposta, jogo de azar.
  - **play games with money** / jogar jogos com dinheiro.

* 25. **Genocide** / Genocídio.
  - **killing a large group of people** / matar um grande grupo de pessoas.

* 26. **Guerilla group** / Grupo Guerrilha.
  - **a group that uses weapons against the government, the military, police or other people** / um grupo que usa armas contra o governo, as forças armadas, a polícia ou outras pessoas.

27. **Help someone enter illegally** / Ajudar alguém a entrar clandestinamente.
   - **smuggle someone in to the country** / contrabandear alguém para o país.

28. **Illegal** / Ilegal.
   - **against the law** / contra a lei.

29. **Illegal drugs** / Drogas ilícitas.
   - **illigal drugs or narcotics, like cocaine** / drogas ilegais.

30. **Insurgent organization** / Organização insurgente.
   - **a group that uses weapons against the government** / um grupo que usa armas contra o governo.

* 31. **Jail** / Cadeia.
  - **prison, a place for criminal** / **prisión**, prisão, um lugar para criminosos.

32. **Kill** / Matar.
   - **make someone die** / fazer alguém morrer.

*
33. **Labor camp** / Campo de trabalho.
   - **a place where people are forced to work** / um lugar onde as pessoas são forçadas a trabalhar.

DEFINIÇÕES

* 34. **Law enforcement officer** / Agente de aplicação da lei. • **police** / polícia.

35. **Lie** / Mentir. • **not the truth** / não dizer a verdade.

* 36. **Loyal** / Leal. • **give allegiance** / dar lealdade.

37. **Mental institution, Mental hospital** / Instituição psiquiátrica, Hospital psiquiátrico. • **a place for people with mental problems** / um lugar para pessoas com problemas mentais.

38. **Militia** / Milícia. • **an unofficial army** / um exército não-oficial.

39. **Misrepresentation** / Deturpação. • **tell a lie, give false information** / dizer uma mentira, dar informações falsas.

40. **Nazi** / Nazista. • **Hitler** / Hitler.

41. **Noncombatant** / Não-combatente. • **not fighting** / não lutando.

* 42. **Nonresident** / Não-residente. • **not a resident, does not have a green card** / ... não tem green card.

*

43. **Oath** / Juramento. • **swear, promise** / juramento, promessa.

44. **Oath of Allegiance** / Juramento de Lealdade. • **a promise to be loyal to the United States** / uma promessa de lealdade aos Estados Unidos.

45. **Overdue** / Vencido. • **late** / final.

46. **Overthrow the government by force or violence** / Derrubar o governo pela força ou pela violência. • **change the government with guns** / mudar o governo com armas.

47. **Owe taxes** / Deve impostos. • **did not pay the required taxes** / não pagou os impostos exigidos.

48. **Paramilitary unit** / Unidade paramilitar. • **civilians organized to help the army in a military way** / civis organizados para ajudar o exército de uma forma militar.

49. **Persecuted, persecution** / Perseguido, perseguição. • **hurt someone because they have a different race or religion** / ferir alguém por ter uma raça ou religião diferente.

50. **Placed in an alternative sentencing or rehabilitative program** / Colocado em um programa alternativo de sentença ou de reabilitação. • **go to rehab or a special hospital instead of jail** / ir para a reabilitação ou para um hospital especial em vez de uma prisão.

51. **Police unit** / Unidade de polícia. • **law officers** / oficiais de justiça.

52. **Prison camp** / Campo de prisoneiros. • **a camp to punish political prisoners** / um campo para punir os presos políticos.

53. **Prostitute, Prostitution** / Prostituta, Prostituição. • **sex for money** / sexo por dinheiro.

54. **Rebel group** / Grupo Rebelde. • **a group that fights against the government** / um grupo que luta contra o governo.

55. **Received a suspended sentence, been placed on probation, been paroled** / Recebeu uma pena suspensa, foi colocado em liberdade condicional, saiu em liberdade condicional. • **have an early release from jail or have a warning period** / ter uma libertação antecipada da prisão ou ter um período de aviso.

56. **Recruit** / Recrutar. • **ask someone to join a group** / pedir a alguém que se junte a um grupo.

DEFINIÇÕES

57. **Registered to vote** / Cadastrado para votar.
• **sign up to vote; apply to vote** / Inscrever-se para votar; aplicar para votar.

58. **Religion** / Religião.
• **believe in God** / acreditar em Deus.

59. **Renounce** / Renunciar.
• **give up** / desistir.

* 60. **Self-defense unit** / Unidade de autodefesa.
• **a group of people who self-police their area** / um grupo de pessoas que auto-policiam sua área.

* 61. **Smuggled** / Contrabandeado.
• **hide and bring something illegal** / esconder e trazer algo ilegal.

62. **Terrorist** / Terrorista.
• **a violent person angry about the government; example Bin Laden, ISIS** / uma pessoa violenta zangada com o governo; exemplo Bin Laden, Estado Islâmico.

63. **Threaten** / Ameaçar.
• **tell someone you plan to hurt him** / dizer a alguém que você planeja machucá-lo.

* 64. **Title of nobility in any foreign country** / Título de nobreza em qualquer país estrangeiro.
• **example is a King, Queen, Prince, Duque** / exemplo é um Rei, Rainha, Príncipe, Duque.

65. **Torture** / Tortura.
• **bring terrible pain to someone** / trazer dor terrível a alguém.

66. **Totalitarian party** / Partido totalitário.
*
• **no freedom, the government totally controls the people** / sem liberdade, o governo controla totalmente o povo.

67. **Truth** / Verdade.
• **not a lie** / não uma mentira.

* 68. **Vigilant unit** / Unidade Vigilante. ● **people who act like police but are not police** / pessoas que agem como policiais, mas não são policiais.

* 69. **Violence** / Violência. ● **use force or a weapon to hurt someone** / usar a força ou uma arma para ferir alguém.

70. **Vote** / Votar. ● **vote is to elect** / voto para eleger.

71. **Weapon** / Arma. ● **a gun, knife, club, or bomb used for attacking or self defending** / uma arma, faca, taco ou bomba usada para atacar ou se defender.

OUTRAS DEFINIÇÕES

LEITURA

Pratique a leitura até dominá-la, sentenças baseadas em exemplos reais.

ÁUDIO INCLUÍDO
WWW.CASIGRINGOS.COM/AUDIOS

1. What is the capital of the United States?
Qual é a capital dos Estados Unidos?
R/
Washington D.C. is the capital of the United States.
Washington D.C. é a capital dos Estados Unidos.

2. Who was George Washington?
Quem foi George Washington?
R/
Washington was the first President.
Washington foi o primeiro Presidente.

3. What are the colors of the American flag?
Quais são as cores da bandeira americana?
R/
The flag is red, white and blue.
A bandeira é vermelha, branca e azul.

4. Who was Abraham Lincoln?
Quem foi Abraham Lincoln?
R/
Lincoln was President during the Civil War.
Lincoln foi presidente durante a Guerra Civil.

5. When is Flag Day?
Quando é o Dia da Bandeira?
R/
Flag Day is in June.
O Dia da Bandeira é em junho.

6. When is Memorial Day?
Quando é o Memorial Day?
R/
Memorial Day is in May.
O Dia da Memória é em maio.

7. What was the first U.S capital?
Qual foi a primeira capital dos Estados Unidos?
R/
New York city was the first capital.
A cidade de Nova Iorque foi a primeira capital.

8. Who elects Congress?
Quem elege o Congresso?
R/
The people elect Congress.
O povo elege o Congresso.

9. How many states do we have?
Quantos estados temos?
R/
The United States has 50 states.
Os Estados Unidos têm 50 estados.

10. What state has the most people?
Que estado tem o maior número de pessoas?
R/
California has the most people.
A Califórnia tem o maior número de pessoas.

11. How many senators do we have?
Quantos senadores nós temos?
R/
We have 100 Senators.
Temos 100 senadores.

12. What country is north of the United State?
Que país está ao norte dos Estados Unidos?
R/
Canada is north of the United States.
O Canadá é o norte dos Estados Unidos.

13. Where does Congress meet?
Onde o Congresso se reúne?
R/
Congress meets in Washington D.C.
O Congresso se reúne em Washington D.C.

14. What is the largest state?
Qual é o maior estado?
R/
Alaska is the largest state.
O Alasca é o maior estado.

15. When do we vote for President?
Quando votamos na presidência?
R/
We vote for President in November.
Votamos para presidente em novembro.

16. What country is south of the United States?
Que país está ao sul dos Estados Unidos?
R/
Mexico is south of the United States.
O México está ao sul dos Estados Unidos.

17. Where does the President live?
Onde vive o Presidente?
R/
The President live in the White House.
O Presidente vive na Casa Branca.

18. Who lived here first?
Quem viveu aqui primeiro?
R/
American Indians lived here first.
Os índios americanos viveram aqui primeiro.

19. Where is the White House?
Onde fica a Casa Branca?
R/
The White House is in Washington D.C.
A Casa Branca fica em Washington D.C.

20. Why do people come to America?
Por que as pessoas vêm para os Estados Unidos?
R/
People come here to be free.
As pessoas vêm para cá para serem livres.

21. When is Labor Day?
Quando é o Dia do Trabalho?
R/
Labor Day is in September.
O Dia do Trabalho é em setembro.

22. When is Columbus Day?
Quando é o Dia de Colombo?
R/
Columbus Day is in October.
O Dia de Colombo é em outubro.

23. What do we have to pay to the government?
O que temos que pagar ao governo?
R/
We have to pay taxes.
Temos que pagar impostos.

24. When is Thanksgiving?
Quando é o Dia de Ação de Graças?
R/
Thanksgiving is in November.
O Dia de Ação de Graças é em novembro.

25. What do people want?
O que as pessoas querem?
R/
People want to vote.
As pessoas querem votar.

26. What was the first U.S. state?
Qual foi o primeiro estado dos EUA?
R/
Delaware was the first state.
Delaware foi o primeiro estado.

27. Who can vote?
Quem pode votar?
R/
Citizens can vote.
Os cidadãos podem votar.

28. Who is the Father of Our Country?
Quem é o Pai de nosso país?
R/
Washington is the Father of Our Country.
Washington é o Pai de Nosso País.

29. Who was the first President?
Quem foi o primeiro Presidente?
R/
Washington was the first President.
Washington foi o primeiro Presidente.

30. When is Independence Day?
Quando é o Dia da Independência?
R/
Independence Day is in July.
O Dia da Independência é em julho.

31. Who lives in the White House?
Quem vive na Casa Branca?
R/
The President lives in the White House.
O Presidente vive na Casa Branca.

32. What President is on the dollar bill?
Que Presidente está na nota de dólar?
R/
Washington is on the dollar bill.
Washington está na nota de dólar.

33. Who was the second President of the United States?
Quem foi o segundo Presidente dos Estados Unidos?
R/
Adams was the second President of the United States.
Adams foi o segundo presidente dos Estados Unidos.

34. When is Presidents Day?
Quando é o Dia do Presidente?
R/
Presidents Day is in February.
O Dia do Presidente é em fevereiro.

35. What is one right in the United States?
O que é um direito nos Estados Unidos?
R/
Freedom of speech is one right in the United States.
A liberdade de expressão é um direito nos Estados Unidos.

36. Who elects the President of the United States?
Quem elege o Presidente dos Estados Unidos?
R/
Citizens elect the President of the United States.
Os cidadãos elegem o Presidente dos Estados Unidos.

NOTAS

LEITURA + ESCRITA

Este exercício de escrever a mesma palavra várias vezes o ajudará a lembrar mais facilmente o conteúdo, importante tanto para a leitura quanto para a escrita em geral.

a	American Flag
Abraham Lincoln	**are**
America	**be**

Bill of Rights

citizen

can

city

capital

colors

Columbus Day

country

come

do

Congress

does

dollar bill

_____
_____
_____
_____
_____
_____

first

_____
_____
_____
_____
_____
_____

elects

_____
_____
_____
_____
_____
_____

Flag Day

_____
_____
_____
_____
_____
_____

Fathers of Our Country

_____
_____
_____
_____
_____
_____

for

_____
_____
_____
_____
_____
_____

LEITURA

George Washington

_____
_____
_____
_____
_____
_____

government

_____
_____
_____
_____
_____
_____

has

_____
_____
_____
_____
_____
_____

have

_____
_____
_____
_____
_____
_____

here

_____
_____
_____
_____
_____
_____

How

_____
_____
_____
_____
_____
_____

LEITURA

in

Labor Day

Independence Day

largest

is

lived

lives

Memorial Day

many

most

meet

name

north

one

of

pay

on

people

President

second

Presidents Day

Senators

right

south

LEITURA

state

the

states

to

Thanksgiving

United States

U.S.

was

vote

we

want

What

When

_____
_____
_____
_____
_____

Who

_____
_____
_____
_____
_____

Where

_____
_____
_____
_____
_____

Why

_____
_____
_____
_____
_____

White House

_____
_____
_____
_____
_____

_____
_____
_____
_____
_____

NOTAS

ESCRITA

ESCREVENDO

Pratique a escrita até que você consiga se apoderar dela, sentenças baseadas em exemplos reais.

ÁUDIO INCLUÍDO
WWW.CASIGRINGOS.COM/AUDIOS

1. The President lives in the White House.
O Presidente vive na Casa Branca.

_____

_____

_____

2. United States citizens have the right to vote.
Os cidadãos dos Estados Unidos têm o direito de votar.

_____

_____

_____

3. The United States has fifty states.
Os Estados Unidos têm cinquenta estados.

_____

_____

_____

4. The White House is in Washington D.C.
A Casa Branca fica em Washington D.C.

_____

_____

_____

ESCRITA

5. Congress meets in Washington D.C.
O Congresso se reúne em Washington D.C.

_____

_____

_____

6. People vote for the President in November.
As pessoas votam no Presidente em novembro..

_____

_____

_____

7. The President lives in Washington D.C.
O Presidente vive em Washington D.C.

_____

_____

_____

8. Adams was the second President.
Adams foi o segundo presidente..

_____

_____

_____

9. Alaska is the largest state.
O Alasca é o maior estado.

_____

_____

_____

10. Canada is to the north of the United States.
O Canadá está ao norte dos Estados Unidos.

_____

_____

_____

11. Columbus Day is in October.
O Dia de Colombo é em outubro.

_____

_____

_____

12. Delaware was the first state of United States.
Delaware foi o primeiro estado dos Estados Unidos.

_____

_____

_____

ESCRITA

13. Washington was the first President.
Washington foi o primeiro presidente.

_____
_____
_____

14. Independence Day is in July.
O Dia da Independência é em julho.

_____
_____
_____

15. Labor Day is in September.
O Dia do Trabalho é em setembro.

_____
_____
_____

16. Lincoln was the President during the Civil War.
Lincoln foi o Presidente durante a Guerra Civil.

_____
_____
_____

17. Memorial Day is in May.
O Memorial Day é em maio.

18. Mexico is to the south of the United States.
O México está ao sul dos Estados Unidos.

19. New York city was the first capital.
A cidade de Nova York foi a primeira capital.

20. New York city has the most people.
A cidade de Nova Iorque é a que tem mais gente.

ESCRITA

21. Presidents Day is in February.
O Dia dos Presidentes é em fevereiro.

22. Thanksgiving is in November.
O Dia de Ação de Graças é em novembro.

23. The capital of the United States is Washington D.C.
A capital dos Estados Unidos é Washington D.C.

24. The citizens elect Congress.
Os cidadãos elegem o Congresso.

25. The United States has 100 senators.
Os Estados Unidos têm 100 senadores.

26. President Washington is on the one-dollar bill.
O Presidente Washington está na nota de um dólar.

27. President Washington is the Father of Our Country.
O Presidente Washington é o Pai de Nosso País.

28. The United States flag is red, white and blue.
A bandeira dos Estados Unidos é vermelha, branca e azul.

29. We the people of the United States.
Nós, o povo dos Estados Unidos.

30. Congress has 100 senators.
O Congresso tem 100 senadores.

31. American Indians lived here first.
Os índios americanos viveram aqui primeiro.

32. Flag Day is in June.
O Dia da Bandeira é em junho.

NOTAS

ESCRITA + VOCABULÁRIO

Pratique a escrita até pegar o jeito, palavras baseadas no vocabulário geral da entrevista.

Adams

and

Alaska

be

American Indians

blue

California

capital

can

citizens

Canada

Civil War

Columbus Day

Delaware

come

dollar bill

Congress

during

elect

fifty

Father of Our Country

50

February

first

flag

free

Flag Day

freedon of speech

for

has

ESCRITA

have	Independence Day

here	is

in	July

June	Lincoln
Labor Day	lived
largest	lives

May

Mexico

meets

most

Memorial Day

New York City

north | **of**

November | **on**

October | **one**

ESCRITA

one hundred	**people**

100 | **President**

pay | **Presidents Day**

red

Senators

right

September

second

south

state

Thanksgiving

states

the

taxes

to

United States

was

vote

Washington

want

Washington D.C.

we

white

White House

NOTAS

VOCABULÁRIO

VOCABULÁRIO GERAL

READING VOCABULARY

PEOPLE
- Abraham Lincoln
- George Washington

CIVICS
- Americab flags
- Bill of Rights
- capital
- citizen
- city
- Congress
- country
- Father of Our Country
- government
- President
- right
- Senators
- state/ states
- White House

PLACES
- America
- United States
- U.S.

HOLIDAYS
- President's Day
- Memorial Day
- Flag Day
- Independence Day
- Labor Day
- Columbus Day
- Thanksgiving

QUESTION WORDS
- How
- When
- Who
- What
- Where
- Why

VERBS
- can
- do/does
- have/ has
- lives/ lived
- name
- vote
- come
- elects
- is/are/was/be
- meet
- pay
- want

OTHER (FUNCTION)
- a
- here
- of
- the
- we
- for
- in
- on
- to

OTHER (CONTENT)
- colors
- first
- many
- north
- people
- south
- dollar bill
- largest
- most
- one
- second

WRITING VOCABULARY

PEOPLE
- Adams
- Washington
- Lincoln

VOCABULÁRIO

CIVICS
- America Indians
- capital
- citizens
- Civil War
- Congress
- Father of Our Countru
- flag
- free
- freedom of speech
- President
- right
- Senators
- State/ States

PLACES
- Alaska
- California
- Canada
- Delaware
- Mexico
- New York City
- United Stated
- Washington
- Washington D.C.

MONTHS
- February
- May
- June
- July
- September
- October
- November

HOLIDAYS
- Presidents´Day
- Memorial Day
- Flag Day
- Independence Day
- Labor Day
- Columbus Day
- Thanksgiving

VERBS
- can
- elect
- is/ was/ be
- meets
- vote
- come
- have/ has
- lives/ lived
- pay
- want

OTHERS (FUNCTION)
- and
- for
- in
- on
- to
- during
- here
- of
- the
- we

OTHERS (CONTENT)
- blue
- fifty/ 50
- largest
- north
- one hundred/ 100
- red
- south
- white
- dollar bill
- first
- most
- one
- people
- second
- taxes

NOTAS

PORTUGUÊS

100 PERGUNTAS E RESPOSTAS SOBRE O CIVICS (VERSÃO 2008)

Essas perguntas cobrem tópicos importantes sobre o governo e a história dos Estados Unidos. O teste de civismo é um teste oral e o oficial do USCIS pedirá que você responda a 10 das 100 perguntas do teste de civismo.

Você deve responder pelo menos 6 perguntas (ou 60%) corretamente para passar na versão 2008 do exame de civismo.

GOVERNO AMERICANO

PRINCÍPIOS DA DEMOCRACIA AMERICANA

1. Qual é a lei suprema da terra?
- a Constituição

2. Quais são as funções da Constituição?
- Criar o governo
- Definir o governo
- Proteger os direitos fundamentais dos americanos

3. A ideia de 'governança própia' está nas primeiras três palavras da Constituição. Quais são essas palavras?
- Nós o Povo

4. O que é uma emenda?
- Uma alteração (à Constituição)
- Uma adição (à Constituição)

5. Como chamamos as dez primeiras emendas à Constituição?
- A Declaração de Direitos

6. Dê um exemplo dos direitos ou liberdades garantidos na primeira emenda?
- Palavra
- Religião
- Assembléia
- Imprensa
- Petição ao governo

7. Quantas alterações ou emendas há na Constituição?
- (27)

8. O que fez a Declaração da Independência?
- Anunciou nossa independência (da Grã-Bretanha)
- Declarou nossa independência (da Grã-Bretanha)
- Disse que os Estados Unidos são autônomos (da Great Grã-Bretanha)

9. Quais são dois direitos na Declaração da Independência?
- Vida
- Liberdade
- Busca da felicidade

10. O que é a liberdade de religião?
- Você pode praticar qualquer religião ou não praticar religião alguma.

11. Qual é o sistema econômico dos Estados Unidos?
- Economia capitalista
- Economia de mercado

12. O que é o "império da lei"?
- Todos têm de obedecer a lei.
- Os líderes têm de obedecer à lei.
- O governo tem de obedecer à lei.
- Ninguém está acima da lei.

SISTEMA DE GOVERNO

13. Cite um dos poderes ou uma parte do governo.
- Congresso
- Presidente
- Os tribunais
- Poder legislativo
- Poder executivo
- Poder judiciário

14. O que impede que um dos poderes do governo se torne muito poderoso?
- Prestações de contas
- Separação de poderes

15. Quem é o chefe do Executivo?
- O Presidente

16. Quem faz as leis federais?
- O Congresso
- O Senado e a Câmara dos Deputados
- A legislatura (nacional ou dos E.U.A.)

17. Quais são as duas partes do Congresso E.U.A.?
- O Senado e a Câmara dos Deputados

18. Quantas senadores há?
- Cem (100)

19. Por quantos anos são eleitos os Senadores?
- Seis (6)

20. Cite um senador de seu estado.
- As respostas irão variar. [Para residentes do Distrito Federal (Distrito de Colúmbia) e dos territórios, a resposta é que D.C. (ou o território onde reside o candidato) não tem Senadores.]

21. A Câmara dos Deputados tem quantos membros com direito a votação?
- quatrocentos e trinta e cinco (435)

22. Elegemos um representante por quantos anos?
- Dois (2)

23. Dê o nome de seu Deputado Federal.
- As respostas irão variar. [Residentes dos territórios com Delegados sem direito a votação ou com Comissários residentes podem dar o nome do Delegado ou Comissário. Qualquer afirmação de que o território não tem Representantes com direito a votação no Congresso é também aceitável.]

24. Quem é que um senador representa?
- Todas as pessoas do seu estado

25. Por que alguns estados têm mais representantes do que outros?
- (Por causa da) população do estado
- (Porque) têm mais pessoas
- (Porque) alguns estados têm mais pessoas

26. De cuántos años es el término de elección de un Presidente?
- Quatro (4)

27. Em que mês ocorre a votação para eleger o Presidente?
- Novembro

28. Qual é o nome do Presidente do Estados Unidos agora?
- Visite uscis.gov/en/citizenship/testupdates para descobrir o nome do Presidente dos Estados Unidos.

29. Qual é o nome do Vice Presidente dos Estados Unidos agora?
- Visite uscis.gov/en/citizenship/testupdates para obter o nome do vice-presidente dos Estados Unidos.

30. Se o presidente chegar a não poder exercer suas funções, quem se torna Presidente?
- O Vice Presidente

31. Se ambos o Presidente e o Vice Presidente não puderem exercer suas funções, quem se torna Presidente?
- O Presidente da Câmara

32. Quem é o Comandante Supremo das Forças Armadas?
- O Presidente

33. Quem assina propostas de lei?
- O Presidente

34. Quem veta propostas de lei?
- O Presidente

35. O que faz o Gabinete da Presidência?
- Aconselha o Presidente

36. Cite dois cargos ao nível do Gabinete?
- Secret. de Agricultura
- Secret. de Defesa
- Secret. de Energía
- Secret. de Segurança Interna
- Secret. del Interior
- Secret. de Estado
- Secret. del Tesouro
- Procurador-Geral
- Secret. de Comércio
- Secret. de Educação
- Secret. de Saúde e Serviços Humanos
- S. de Habitação e Desenvolvimento Urbano
- Secret. do Trabalho
- Secret. de Transporte
- Secret. de Assuntos dos Veteranos
- Vice-presidente

37. O que faz o judiciário?
- Revisa as leis
- Explica as leis
- Resolve litígios (desacordos)
- Decide se uma lei vai contra a Constituição

38. Qual é a mais alta instância do poder judiciário nos Estados Unidos?
- O Tribunal Supremo

39. Quantos ministros tem o Tribunal Supremo?
- nove (9).

40. Quem é o presidente do Tribunal Supremo dos Estados Unidos?
- Visite uscis.gov/citizenship/testupdates para obter o nome do Chefe de Justiça dos Estados Unidos.

41. De acordo com a nossa Constituição, alguns poderes pertencem aos estados. Cite um dos poderes dos estados?
- Imprimir dinheiro
- Declarar guerra
- Formar um exército
- Celebrar tratados

42. De acuerdo a nuestra Constitución, algunos poderes pertenecen a los estados. ¿Cuál es un poder de los estados?
- Proporcionar escolas e educação
- Proporcionar proteção (polícia)
- Proporcionar segurança (Corpo de Bombeiros)
- Conceder carteiras de motorista
- Aprovar zoneamento e uso das terras

43. Quem é o governador do seu estado?
- As respostas irão variar. [Residentes do Distrito de Colúmbia devem dizer: "não temos governador."]

44. Qual é a capital do seu estado?
- As respostas irão variar. [residentes do Distrito de Colúmbia devem dizer que D.C. não é um Estado e não tem capital. Residentes dos territórios dos E.U.A. devem indicar o nome da capital do território.]

45. Quais são os dois maiores partidos políticos nos Estados Unidos?
- Democrático e Republicano

46. Qual é o partido político do presidente neste momento?
- Visite uscis.gov/es/citizenship/examinationupdates para descobrir o partido político ao qual o Presidente dos Estados Unidos pertence.

47. Qual é o nome do presidente da Câmara dos Deputados neste momento?
- Visite uscis.gov/en/citizenship/testupdates para obter o nome do Presidente da Câmara dos Representantes.

DIREITOS E RESPONSABILIDADES

48. Há quatro emendas à Constituição que tratam de quem pode votar. Descreva um deles.
- Cidadãos de dezoito (18) anos e os mais velhos (podem votar).
- Você não tem que pagar (um imposto de votação) para votar.
- Qualquer cidadão pode votar. (As mulheres e os homens podem votar.)
- Um cidadão do sexo masculino de qualquer raça (pode votar).

49. Qual é uma responsabilidade que pertence somente aos cidadãos dos Estados Unidos?
- Servir num júri
- Votar

50. Quais são dois direitos reservados apenas para cidadãos dos Estados Unidos?
- Candidatar-se a um emprego federal
- Votar
- Candidatar-se a cargos públicos
- Obter um passaporte estadounidense

51. Quais são dois direitos de todos os que vivem nos Estados Unidos?
- Liberdade de expressão
- Liberdade de palavra
- Liberdade de assembléia
- Liberdade de petição ao governo

- Liberdade de religião
- O direito de portar armas

52. Quando recitamos 'A Promessa de Fidelidade', a quê mostramos lealdade?
- Os Estados Unidos
- A bandeira

53. Cite uma promessa que se faz ao tornar-se cidadão dos Estados Unidos?
- Desistir da lealdade aos outros países
- Defender a Constituição e as leis dos Estados Unidos
- Obedecer as leis dos Estados Unidos
- Servir nas Forças Armadas dos E.U.A. (se for necessário)
- Servir (fazer trabalho importante para) a nação (se for necessário)
- Ser leal aos Estados Unidos

54. Para que possa votar numa eleição presidencial, qual é a idade que o cidadão precisa ter?
- Dezoito (18) anos ou mais

55. Cite duas maneiras em que os americanos podem participar na sua democracia?
- Votar
- Associar-se a um partido político
- Ajudar uma campanha
- Participar de um grupo cívico
- Participar de um grupo comunitário
- Oferecer sua opinião sobre uma questão em debate
- Telefonar para os senadores e deputados
- Apoiar ou rejeitar publicamente uma questão ou uma política
- Candidatar-se a um cargo público
- Escrever a um jornal

56. Qual é o último dia em que você pode enviar os documentos referentes ao imposto de renda federal?
- 15 de abril

57. Quando é que todos os homens devem registrar-se para o Serviço Seletivo?
- Aos dezoito (18) anos de idade
- Entre os dezoito (18) e vinte e seis (26) anos de idade

PERÍODO COLONIAL E DA INDEPENDÊNCIA

58. Cite um motivo pelo qual os colonizadores vieram à América?
- Liberdade
- Liberdade política
- Liberdade religiosa
- Oportunidades econômicas
- Praticar sua religião
- Fugir da perseguição

59. Quem já vivia na América antes da chegada dos europeus?
- Americanos nativos
- Índios americanos

60. Qual é o grupo de pessoas que foi levado para a América e vendido como escravos?
- Africanos
- Pessoas da África

61. Por que é que os colonizadores lutaram contra os britânicos?
- Por causa dos impostos altos (impostos sem representação)
- Porque o exército britânico ocupou as casas dos colonizadores (como pensionistas)
- Porque não tinham governança própria

62. Quem escreveu a Declaração da Independência?
- (Thomas) Jefferson

63. Quando foi adotada a Declaração da Independência?
- 4 de julho de 1776

64. Houve 13 estados originais. Cite três.
- Nueva Hampshire
- Massachusetts
- Rhode Island
- Connecticut
- Nueva York
- Nueva Jersey
- Pensilvania
- Delaware
- Maryland

- Virginia
- Georgia
- Carolina del Norte
- Carolina del Sur

65. O que aconteceu na Convenção Constitucional?
- A Constituição foi escrita.
- Os Fundadores escreveram a Constituição.

66. Quando foi escrita a Constituição?
- 1787

67. Os Autos Federalistas apoiaram a ratificação da Constituição dos E.U.A. Cite um dos seus autores.
- (James) Madison
- (Alexander) Hamilton
- (John) Jay
- Publius

68. Qual é uma das razões pela qual Benjamin Franklin é famoso.
- Foi diplomata pelos E.U.A.
- Foi o membro mais velho da Convenção Constitucional
- Foi o primeiro Diretor Geral dos Correiosdos Estados Unidos
- Foi o autor do "Poor Richard's Almanac"
- Estabeleceu as primeiras bibliotecas grátis

69. Quem é o "Pai do Nosso País"?
- (George) Washington

70. Quem foi o primeiro Presidente?
- (George) Washington

1800-1899 (SÉCULO XIX)

71. Qual território foi comprado pelos Estados Unidos da França em 1803?
- Território da Louisiana
- Louisiana

72. Cite uma guerra travada pelos Estados Unidos no 1800.
- Guerra de 1812
- Guerra Mexico-Estados Unidos
- Guerra Civil
- Guerra Hispano-Americana

73. Qual foi a guerra estadounidense entre o norte e o sul.
- A Guerra Civil
- A Guerra entre os Estados

74. Cite um dos problemas que levaram à guerra civil.
- Escravidão
- Razões econômicas
- Direitos dos Estados

75. Cite algo importante feito por Abraham Lincoln?
- Libertou os escravos (Proclamação da Emancipação)
- Salvou (ou preservou) a União.
- Liderou os Estados Unidos durante a Guerra Civil

76. O que fez a Proclamação da Emancipação?
- Libertou os escravos
- Libertou os escravos no Confederado
- Libertou os escravos nos estados Confederados
- Libertou os escravos na maioria dos estados do sul

77. O que fez Susan B. Anthony?
- Lutou pelos direitos das mulheres
- Lutou pelos direitos civis

HISTÓRIA RECENTE AMERICANA E OUTRAS INFORMAÇÕES
HISTÓRICAS IMPORTANTES

78. Cite uma guerra travada pelos Estados Unidos no Século XX (1900-1999).
- I Guerra Mundial
- II Guerra Mundial
- Guerra da Coréia
- Guerra do Vietnã

- Guerra do Golfo (Pérsico)

79. Quem foi o Presidente durante a Primeira Guerra Mundial?
- (Woodrow) Wilson

80. Quem foi o Presidente durante a Grande Depressão e a II Guerra Mundial?
- (Franklin) Roosevelt

81. Os Estados Unidos lutaram contra quem durante a II Guerra Mundial?
- Japão, Alemanha e Itália

82. Antes de ser presidente, Eisenhower foi general. Em qual guerra lutou?
- II Guerra Mundial

83. Durante a Guerra Fria, qual foi a preocupação principal dos Estados Unidos?
- O Comunismo

84. Qual movimento tentou trazer o fim da discriminação racial?
- (Movimento de) direitos civis

85. O que fez Martin Luther King?
- Lutou pelos direitos civis
- Trabalhou para a igualdade de todos os americanos

86. Qual evento importante aconteceu em 11 de setembro de 2001 nos Estados Unidos?
- Terroristas atacaram os Estados Unidos.

87. Cite uma tribo indígena nos E.U.A.
[Oficiais serão fornecidos com uma lista completa.]

- Cherokee	- Navajo	- Sioux
- Chippewa	- Choctaw	- Pueblo
- Apache	- Iroquois	- Creek
- Blackfeet	- Seminole	- Cheyenne
- Arawak	- Shawnee	- Mohegan

- Huron	- Oneida	- Lakota	
- Crow	- Teton	- Hopi	- Inuit

GEOGRAFIA

88. Cite um dos dois rios mais longos nos E.U.A..
- (Rio) Missouri
- (Rio) Mississippi

89. Qual é o oceano da Costa Oeste dos E.U.A.?
- (Oceano) Pacífico

90. Qual é o oceano da Costa Leste dos E.U.A.?
- (Oceano) Atlântico

91. Cite um território estadounidense.
- Porto Rico
- Ilhas Virgens dos E.U.A.
- Samoa Americana
- Ilhas Marianas do Norte
- Guam

92. Cite um estado que fica na fronteira com o Canadá.

- Maine	- Nueva Hampshire	- Vermont
- Nueva York	- Pensilvania	- Ohio
- Michigan	- Minnesota	- Dakota del Norte
- Montana	- Idaho	- Washington
- Alaska		

93. Cite um estado que fica na fronteira com o México.
- California
- Arizona
- Nuevo México
- Texas

94. Qual é a capital dos Estados Unidos?
- Washington, D.C.

95. Onde fica a Estátua da Liberdade?
- Nova Iorque (no Porto)
- Ilha da Liberdade
[Também são aceitáveis Nova Jersey, perto da cidade de Nova York e no Rio Hudson.]

SÍMBOLOS

96. Por que a bandeira tem 13 listras?
- Porque havia 13 colônias originais
- Porque as listras representam as colônias originais

97. Por que a bandeira tem 50 estrelas?
- Porque há uma estrela para cada estado
- Porque cada estrela representa um estado
- Porque há 50 estados

98. Qual é o título do hino nacional?
- The Star-Spangled Banner

FERIADOS

99. Quando celebramos o Dia da Independência?
- 4 de julho

100. Cite dois feriados nacionais dos E.U.A..
- Dia do Ano Novo
- Dia dos Presidentes
- Dia da Independência
- Dia de Colombo
- Dia de Ação das Graças
- Dia de Martin Luther King, Jr.
- Memorial Day
- Dia do Trabalho
- Dia dos Veteranos
- Natal

NOTAS

100 C. QUESTIONS/ PT

NOTAS

PERGUNTAS E RESPOSTAS CÍVICAS PARA CONSIDERAÇÃO ESPECIAL 65/20 (VERSÃO 2008)

Os Serviços de Cidadania e Imigração dos Estados Unidos oferecem consideração especial no teste de cidadania para candidatos que tenham 65 anos de idade ou mais no momento do preenchimento de seu pedido de naturalização (Formulário N-400) e tenham sido residentes permanentes dos Estados Unidos. Estados por um mínimo de 20 anos.

Esses candidatos podem fazer o teste de civismo no idioma de sua escolha. Eles também têm o benefício de ter que estudar apenas 20 das 100 questões cívicas usadas para aplicar o teste de naturalização.

Para passar nesta parte do exame, você só precisa responder corretamente 6 perguntas das 10 que o agente lhe fará.

1. Dê um exemplo dos direitos ou liberdades garantidos na primeira emenda.?
- Palavra
- Religião
- Assembléia
- Imprensa
- Petição ao governo

2. Qual é o sistema econômico dos Estados Unidos?
- Economia capitalista
- Economia de mercado

3. Cite um dos poderes ou uma parte do governo.
- Congresso   - Presidente   - Os tribunais
- Poder legislativo - Poder executivo   - Poder judiciário

4. Quais são as duas partes do Congresso E.U.A.?
- O Senado e a Câmara dos Deputados

5. Cite um senador de seu estado.
- As respostas irão variar. [Para residentes do Distrito Federal (Distrito de Colúmbia) e dos territórios, a resposta é que D.C. (ou o território onde reside o candidato) não tem Senadores.].

6. Em que mês ocorre a votação para eleger o Presidente?
- Novembro

7. Qual é o nome do Presidente do Estados Unidos agora?
- Visite uscis.gov/en/citizenship/testupdates para obter o nome do Presidente dos Estados Unidos.

65/20 PORTUGUÊS

8. Qual é a capital do seu estado?
- As respostas irão variar. [residentes do Distrito de Colúmbia devem dizer que D.C. não é um Estado e não tem capital. Residentes dos territórios dos E.U.A. devem indicar o nome da capital do território.]

_____   _____

9. Quais são os dois maiores partidos políticos nos Estados Unidos?
- Democrático e Republicano

10. Qual é uma responsabilidade que pertence somente aos cidadãos dos Estados Unidos?
- Servir num júri
- Votar

11. Para que possa votar numa eleição presidencial, qual é a idade que o cidadão precisa ter?
- Dezoito (18) anos ou mais

12. Qual é o último dia em que você pode enviar os documentos referentes ao imposto de renda federal?
- 15 de abril

13. Quem foi o primeiro Presidente?
- (George) Washington

14. Cite algo importante feito por Abraham Lincoln?
- Libertou os escravos (Proclamação da Emancipação)
- Salvou (ou preservou) a União.
- Liderou os Estados Unidos durante a Guerra Civil

15. Cite uma guerra travada pelos Estados Unidos no Século XX (1900-1999).
- I Guerra Mundial
- II Guerra Mundial
- Guerra da Coréia
- Guerra do Vietnã
- Guerra do Golfo (Pérsico)

16. O que fez Martin Luther King?
- Lutou pelos direitos civis
- Trabalhou para a igualdade de todos os americanos

17. Qual é a capital dos Estados Unidos?
- Washington, D.C.

18. Onde fica a Estátua da Liberdade?
- Nova Iorque (no Porto)
- Ilha da Liberdade
[Também são aceitáveis Nova Jersey, perto da cidade de Nova York e no Rio Hudson.]

19. Por que a bandeira tem 50 estrelas?
- Porque há uma estrela para cada estado
- Porque cada estrela representa um estado
- Porque há 50 estados

20. Quando celebramos o Dia da Independência?
- 4 de julho

NOTAS

FOR MORE INFORMATION ABOUT AMERICAN CITIZENSHIP, PLEASE VISIT: WWW.USCIS.GOV/CITIZENSHIP